Meu jeito de dizer que te amo

Caro leitor,

Queremos saber sua opinião sobre nossos livros. Após sua leitura, acesse nosso site (www.editoragente.com.br), cadastre-se e contribua com sugestões, críticas e elogios.

Boa leitura!

Anderson Cavalcante

Meu jeito de dizer que te amo

Gerente Editorial
Alessandra J. Gelman Ruiz

Editora de Produção Editorial
Rosângela de Araujo Pinheiro Barbosa

Controle de Produção
Adriane Aoqui de Souza

Capa
Miriam Lerner

Fotos
Getty Images, iStockphotos e Shutterstock

Foto do autor
Ígor Medeiros

Revisão
Adriana Parra

Projeto Gráfico e Editoração
ERJ Composição Editorial

Impressão
Arvato do Brasil Gráfica

Copyright © 2010 by Anderson Cavalcante.
Todos os direitos desta edição são reservados
à Editora Gente.
Rua Pedro Soares de Almeida, 114
São Paulo, SP — CEP 05029-030
Telefone: (11) 3670-2500
Site: http://www.editoragente.com.br
E-mail: gente@editoragente.com.br

Dados Internacionais de Catalogação na Publicação (CIP)
(Câmara Brasileira do Livro, SP, Brasil)

Cavalcante, Anderson
    Meu jeito de dizer que te amo / Anderson Cavalcante. —
São Paulo : Editora Gente, 2010.

    ISBN 978-85-7312-725-6

    1. Amor 2. Máximas 3. Literatura brasileira I.Título.

10-03474   CDD-896.9

Índices para catálogo sistemático:
1. Amor : Máximas : Literatura brasileira
896.9

Dedicatória

A Tábata, minha esposa, mulher, amante e melhor amiga, que com muito charme, carinho e um pouco de paciência compartilha comigo as descobertas que só o amor é capaz de proporcionar.

Você entrou na minha vida e com seu jeito especial me tornou um ser humano melhor.

Obrigado por você existir e estar ao meu lado.

Agradecimento

A Deus, que com seu infinito amor me ensina a enxergar todos os dias, através de pequenos detalhes, a importância do ato de amar.

A todas as pessoas que não desperdiçam uma oportunidade de expressar o amor em cada toque, cada troca de olhar, cada gesto, cada cafuné, cada beijo e buscam viver essa realidade no seu dia a dia, tornando, assim, a vida ainda mais bela.

Introdução

Dizer "eu te amo" nem sempre é suficiente para mostrar a dimensão do amor que carregamos na alma. Há até quem se negue a pronunciar essa frase, porque, às vezes, ela parece simples e desgastada pelo tempo.

Mas, então, como encontrar outro jeito melhor e mais original de dizer?...

Declarar nosso amor por alguém de uma forma verdadeiramente especial não é fácil porque cada um ama de uma forma! Há quem ame com alegria e graça. Há quem ame constrangido e contido. Tem gente que ama com arrebatamento e exagero. Há quem ame simples e tímido.

A verdade é que cada pessoa encontra a melhor forma de expressar seus sentimentos! Por isso, neste livro, procurei reunir diversas maneiras de demonstrar o amor, sem dizer simplesmente "eu te amo".

Nas imagens e frases deste livro, você encontrará várias possibilidades de declarar seu amor: com humor, ternura, paixão, simplicidade, gratidão.

Escolha o seu jeito, mas seja ele qual for, diga, diga sempre, em alto e bom som, com palavras e gestos, porque, afinal, toda forma de amor vale a pena!

Enfim, amar é ter a coragem de se entregar às dores e delícias de um verdadeiro amor.

É caminhar a cada dia ao lado de alguém que te faz sentir melhor.

É não querer dormir para aproveitar um pouco mais a presença dessa pessoa tão especial.

É fazer e receber cafuné quando menos se espera.

Amar... Bem, amar é a união de tudo que a vida tem a nos oferecer.

Ouse, permita-se, entregue-se e você poderá viver um grande amor!

Quando você entrou na minha vida,
deixou tudo de pernas para o ar.

De um dia para o outro,
perdi todas as minhas referências.

Era como se minha bússola interna tivesse quebrado e apontasse numa única direção: Você! Você! Você! Você!

Ou que o mundo tivesse ficado deserto
e restasse uma única ilha chamada Nós.

foi assim que passei a me sentir só,
mesmo no meio da multidão.

De repente, as coisas antes deliciosas perderam o sabor.

E eu que sempre achei que as cartas de amor eram ridículas...

Vasculhei toda poesia esquecida
no fundo das minhas gavetas...

Fiz de tudo para tentar ser mais original
do que um simples **eu te amo**.

É verdade que muita gente achou
que eu estava enlouquecendo.

Porque só os loucos passam as noites em claro construindo castelos de sonhos...

Ou se penduram ao telefone por horas a fio
sem conseguir desligar...

Por que será que nessa fase do amor as conversas parecem não ter fim?

Talvez porque seja o momento de descobrir
e construir afinidades...

Nós dois compartilhamos a música preferida, o filme inesquecível, o lugar que sonhávamos conhecer.

E quando a afinidade não existia... a gente tratava de inventar, só para ficar ainda mais ligado um ao outro.

Eu mesmo inventei muita coisa, mas foi só porque queria parecer melhor do que eu era de verdade.

fiz de tudo para ser mais atraente, mais elegante
e mais interessante só para te merecer.

Mesmo que para isso eu tivesse que fazer grandes sacrifícios!

Foi difícil, porque sua beleza parecia realmente inalcançável para mim.

Porém, meu coração dizia que um dia eu chegaria lá...

E "lá" era o aconchego definitivo dos seus braços.

O mais incrível de tudo é que, ao contrário do que todo mundo falava, esse amor não diminuiu com o passar do tempo.

É que os outros não sabem que tudo em você tem um gostinho de quero mais!

De vez em quando, ao ouvir sua voz ao telefone,
ainda sinto um friozinho na barriga.

Seu olhar continua iluminando tudo ao meu redor.

Suas gargalhadas preenchem meu mundo com alegrias.

E seu silêncio é quase sempre meu único porto seguro.

É claro que a gente também teve momentos difíceis

Quantas vezes a gente se desentendeu, quase sempre por coisinhas sem a menor importância?

Mas acho que tudo não passava de um truque para depois fazermos as pazes.

Poder sentir na boca o gosto de nossas lágrimas
misturadas no momento da reconciliação

Ouvir seu coração voltar a bater
no mesmo ritmo do meu.

Escutar mil vezes a nossa música como forma de

E, realmente, nesses momentos a nossa união se fortalecia mais do que nunca.

Tanto que a gente imaginava que nada mais poderia abalar nossa felicidade.

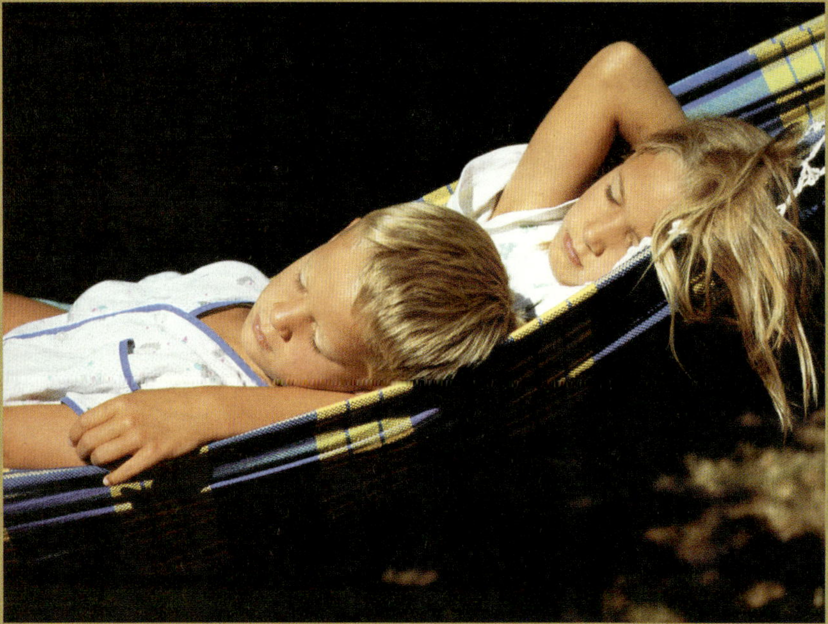

Sentir o cheiro da sua pele
invadindo minha alma pela manhã.

Sua presença é como um sol
entrando por uma fresta da janela.

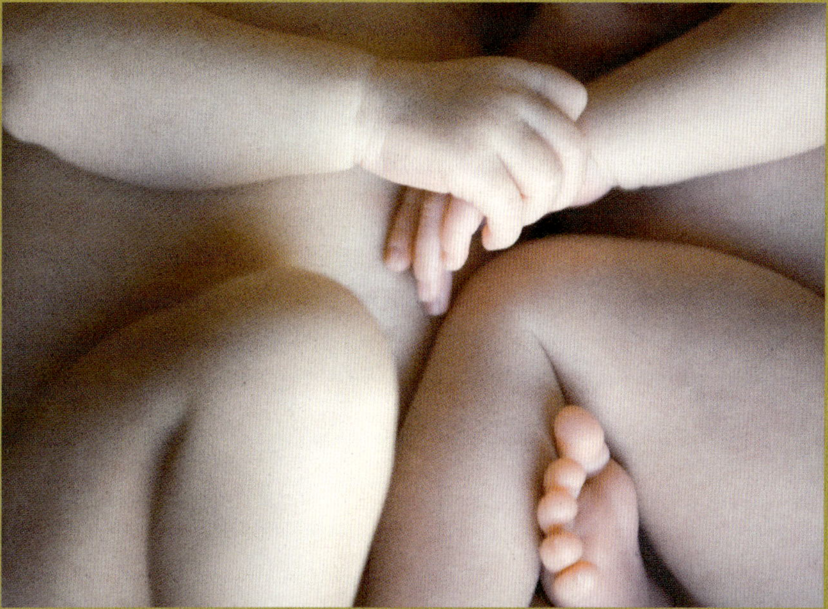

Dessa impressão boa de que vamos fazer parte um do outro por toda a vida.

E meu coração se enche de esperança de que continuaremos sendo abençoados com dias felizes.

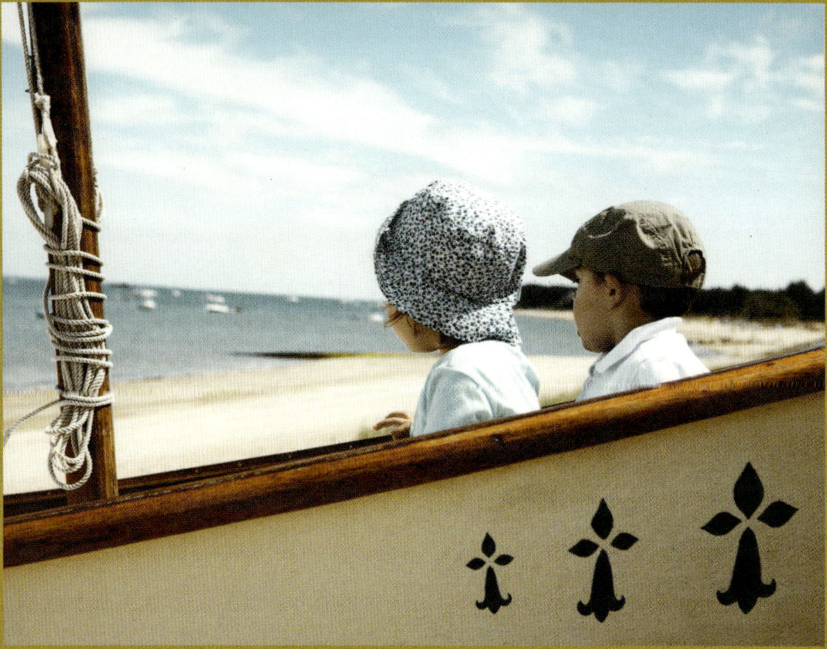

Que veremos nossa família crescer.

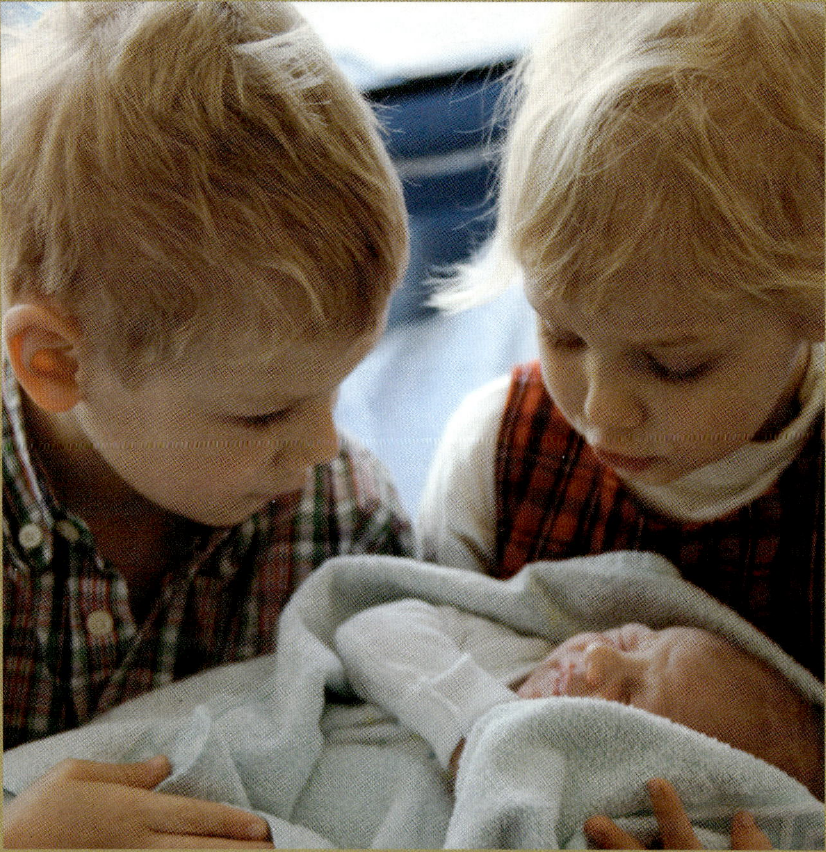

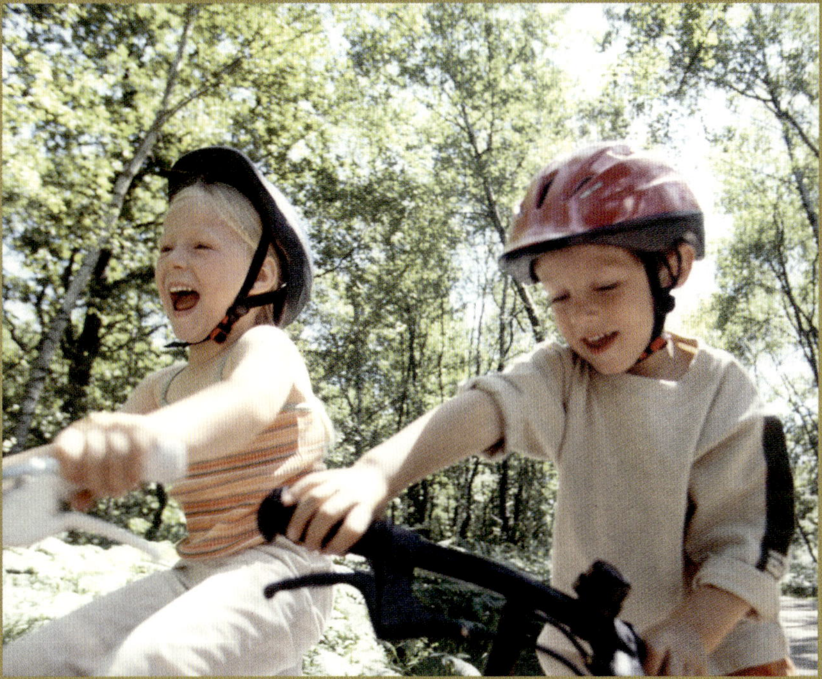

Regando nosso amor quando o tempo

Protegendo suas raízes das tempestades
que a gente não tem o poder de evitar.

Porque amar é mesmo um eterno correr risco.

Só quem tem coragem pode amar de verdade.

Amar é se atirar em queda livre sem rede de proteção.

Ainda assim, eu posso dizer que fui
imensamente recompensado.

Porque você é um dos maiores acontecimentos

É como se o tempo antes de conhecer você

É por isso que eu não posso mais viver sem você.

Tudo perde o sentido se você não estiver comigo.

A única promessa que eu posso fazer

...é de tentar ser sempre melhor do que eu sou
para continuar vivendo cada dia ao seu lado.

Porque eu... eu sei que vou te amar...
por toda a minha vida!

Você também pode fazer parte desta história.

Esta página é sua!

Escolha uma foto com a pessoa amada
que represente um momento importante
para vocês e cole aqui.

OUTROS LIVROS DO AUTOR

O QUE REALMENTE IMPORTA?

Mais de 61 mil livros vendidos

O título desse livro nos causa impacto. Uma pergunta em tom aparentemente simples que nos desarma. É claro que cada indivíduo prioriza o que lhe é mais importante. A cada capítulo, o autor vai expondo suas experiências e habilidades e apresentando de maneira generalizada o caminho para a felicidade. Acompanhá-lo é uma bela viagem rica em aprendizado.

AS COISAS BOAS DA VIDA

Tomar banho de mangueira num dia ensolarado.
Dormir até mais tarde do lado de quem a gente ama, sem se preocupar com o horário.
Chegar em casa no fim do dia e tomar aquele banho bem demorado!
Você tem aproveitado as coisas boas da vida?
Este livro nos faz lembrar das coisas boas que deixamos de fazer e nem sabemos o porquê.
Pequenos prazeres que nos dão o ânimo necessário para enfrentar os desafios diários. Gestos que podem mudar todo o significado de uma vida.

Mais de 155 mil livros vendidos

VIVA AS COISAS ESSENCIAIS DA VIDA — ANTES QUE SEJA TARDE

Mais de 40 mil livros vendidos

Matar a saudade do colo da mãe, passar uma tarde gostosa com o pai, transformar cada dia em uma ocasião especial. Quem não deseja viver momentos como esses, que se eternizam na lembrança? Não deixe para depois. Em meio à correria do cotidiano, você pode reservar um tempinho para o que é essencial em sua vida.

MEU PAI, MEU HERÓI

Meu pai, meu herói
Pai: exemplo de valor e retidão.
Ensinamento, espelho, esperança.
Semente boa plantada em nós lá na infância.
Que germina pela vida afora, estruturando o ser e o não ser.
Como falar sobre esse amor?
Se amor de filho para pai às vezes é calado, contido?
Dizer é amor apenas, talvez baste.
Amor genuíno, em sua máxima expressão.
Pai: anjo protetor, guardião das boas atitudes.
Ah, a vontade de ser o que ele é!
Mesmo que às avessas.
Que assim seja.

Mais de **70 mil** livros vendidos

MINHA MÃE, MEU MUNDO
(Anderson Cavalcante e Simone Paulino)

Ela tem a capacidade de ouvir o silêncio.
Adivinhar sentimentos.
Encontrar a palavra certa nos momentos incertos.
Nos fortalecer quando tudo ao nosso redor parece ruir.
Sabedoria emprestada dos deuses para nos proteger
e amparar.
Sua existência é em si um ato de amor.
Gerar, cuidar, nutrir.
Amar, amar, amar...
Amar com um amor incondicional que nada espera
em troca.
Afeto desmedido e incontido. Mãe é um ser infinito.

Mais de **157 mil** livros vendidos

Anderson Cavalcante é palestrante, escritor e um marido apaixonado que busca namorar todos os dias a esposa maravilhosa que tem.

Contato do autor

contato@andersoncavalcante.com.br
www.andersoncavalcante.com.br